Chers amis rongeurs,
bienvenue dans le monde de

Geronimo Stilton

L'Écho du rongeur
Rédaction

Texte de Geronimo Stilton.
*Basé sur une idée originale d'*Elisabetta Dami.
*Coordination des textes d'*Isabella Salmoirago.
Coordination éditoriale de Patrizia Puricelli.
*Édition d'*Alessandra Rossi.
*Pour le journal de Ténébreuse Ténébrax, collaboration éditoriale d'*Alessandro Sisti.
Coordination artistique de Roberta Bianchi.
Assistance artistique de Lara Martinelli *et de* Tommaso Valsecchi.
Couverture de Larry Keys *et* Iacopo Bruno.
*Illustrations intérieures d'*Andrea Denegri *(graphisme) et de* Christian Aliprandi *(couleurs)*.
Pour le journal de Ténébreuse Ténébrax, illustrations de Larry Keys, Ratterto Rattonchi, Topika Topraska, Mustache de' Fer, Andy Mc Black, Giuseppe Ferrario *et* Silvio Steca.
Cartes : Archives Piemme.
Graphisme de Merenguita Gingermouse *et de* Yuko Egusa.
Traduction de Titi Plumederat.

www.geronimostilton.com

www.albin-michel.fr
Loi 49-956 du 16 juillet 1949 sur les publications destinées à la jeunesse
Dépôt légal : premier semestre 2011
N° d'édition : 19343
ISBN-13 : 978 2 226 21849 0
Imprimé en France par Pollina - L55657B

Geronimo Stilton

KIDNAPPING CHEZ LES TÉNÉBRAX !

ALBIN MICHEL JEUNESSE

UN COUP DE TÉLÉPHONE EN PLEINE NUIT…

C'était une nuit glaciale, sans lune, et j'étais blotti bien au CHAUD dans mon lit, les couvertures remontées jusqu'au museau.

Je dormais, ou plutôt je RONFLAIS béatement, lorsqu'une sonnerie me réveilla en sursaut : Drrrinnnnng !

Je tâtonnai à la recherche de mes lunettes, puis consultai ma montre : il était 3 heures du matin !
Je décrochai, le cœur battant la CHAMADE, essayant de répondre sur un ton posé, mais, avant que j'aie pu ouvrir la bouche, une voix lugubre murmura :

– VIIIITE, GERONIMOOOO, COURS À TON BUREAUUUU !

Terrorisé, je répondis :
– Mais qui est-ce ? Et pourquoi dois-je courir à mon bureau à une heure pareille ? Il est 3 heures du matin !
La voix lugubre HURLA :
– Ne pose pas de questions, vas-y et tu comprendraaas !
Je raccrochai, et mon cœur battait de plus en plus fort ! C'est alors que je décidai qu'il me fallait en savoir plus. Je m'habillai en hâte et me PRÉCIPITAI dehors, dans une ville déserte, en cette glaciale nuit sans lune…

L'Écho
du rongeur

Privée de ses habitants, la ville paraissait très INQUIÉTANTE ! J'arrivai à *l'Écho du rongeur*, entrai et essayai d'allumer, mais la lumière ne fonctionnait pas.

Bizarre !

Sans doute y avait-il une PANNE...

Devant la porte, je découvris une bougie.

Bizarre !

Près de la bougie, je trouvai un papier. Je le ramassai et le lus, à la lumière des lampadaires qui filtrait à travers les fenêtres.

Il était écrit : GERONIMO, ALLUME LA BOUGIE !

Je me dis que c'était vraiment une bonne idée : j'ai PEUR du noir !
À la lueur vacillante de la bougie, je traversai en tremblant la salle de rédaction déserte.
Mes pas résonnaient sinistrement : TOC... TOC... TOC...
Lorsque j'atteignis la porte de mon bureau, j'avais les moustaches qui frissonnaient et les genoux tout ramollis : savoir qui ou, pire, ce qui m'attendait à l'intérieur ?
J'abaissai la poignée... J'ouvris doucement la porte... Un grincement sinistre me glaça le sang :

SNIIIIK !!!

Bizarre !
C'était bien la première fois que cette porte grinçait !
Je pris mon courage à deux pattes et entrai.
Je me dirigeai en tremblant vers ma table de travail et m'assis sur ma chaise, le cœur cognant dans ma poitrine.

L'obscurité était effrayante !

C'est alors seulement que je remarquai, posé sur mon bureau, un drôle d'objet blanchâtre, aux formes arrondies, que je n'avais jamais vu auparavant…

Je tendis la main pour le saisir.

Puis je poussai un cri :

– AAAAHHHHH !

Pauvre de moi, c'était un CRÂNE !

Quelqu'un avait glissé entre les dents de la tête de mort un papier que je pris d'une patte TREMBLANTE. J'y lus ce curieux message : GERONIMO, ÉCRIS !!!

J'étais perplexe : que devais-je écrire à une heure aussi avancée de la nuit ? Et dans une obscurité pareille ! C'est à ce moment précis que, sur le mur en face de moi, se projeta une gigantesque OMBRE menaçante qui murmura :

– JE VAIS TE LE DIRE, MOI, CE QUE TU DOIS ÉCRIRE : UN LIVRE DE PEUR… !

C'en était trop pour moi : terrorisé, je m'évanouis !

L'OPÉRATION PEUR COMMENCE !

Quand je revins à moi, les premières choses que je vis, ce furent deux lunettes d'acier, deux **YEUX** couleur d'acier, deux **SOURCILS** broussailleux couleur d'acier, deux *moustaches* autoritaires...
C'était mon grand-père **Honoré Tourneboulé** !

La première pensée qui me vint à l'esprit fut : qu'est-ce que mon grand-père fait ici, à cette heure de la nuit ?

Je m'assis pour mettre de l'ordre dans mes idées et, en un ÉCLAIR, tout me revint : le coup de téléphone nocturne, la lumière qui ne fonctionnait pas et qui, maintenant, était revenue, les messages, l'ombre menaçante, la voix spectrale…

C'est LUI qui avait tout organisé !

Mais, avant que j'aie pu lui demander la raison de ce comportement bizarre, il me hurla dans l'oreille :

– Tu as été EFFRAYÉ, gamin, n'est-ce pas ? Et il n'y avait pourtant rien d'effrayant, n'est-ce pas ? Et maintenant que tout est fini, tu es soulagé, n'est-ce pas ? Voilà, c'est le secret des livres d'horreur, des livres de PEUR…

Il me regarda intensément avant d'ajouter :

– Voilà ce que tu dois faire, gamin : *écrire*, écrire et encore écrire !

– Mais c'est déjà ce que je fais, grand-père. Je ne fais que ça, du matin au soir, écrire !

– C'est vrai, mais tu n'as pas encore écrit ce dont j'ai besoin, c'est-à-dire… euh, ce dont a besoin la maison d'édition : un livre d'horreur qui fasse peur, très peur, mais qui fasse rire, aussi ! Et il me le faut pour Halloween, c'est-à-dire dans une semaine. Sinon, je reprends la direction de *l'Écho du rongeur*, parole d'Honoré Tourneboulé !

J'essayai de protester :

– Mais, grand-père, moi, j'écris des histoires d'AVENTURES, des histoires qui font rire, des histoires qui font rêver… Je ne suis pas capable d'écrire des histoires qui font PEUR, je ne saurais même pas par où commencer !

– C'est pour cela que je t'ai fait venir ici la nuit, dans l'obscurité : pour t'inspirer ! Mais ne me remercie pas, gamin, c'est bien volontiers que je l'ai fait…

– En fait, je n'avais pas vraiment l'intention de te remercier, j'ai failli MOURIR de peur…

– Parfait, c'est exactement ce que je voulais. Et maintenant, rallume la bougie, gamin !

J'obéis et, avant que j'aie pu lui demander d'autres explications, il sortit de la pièce comme une tornade, claqua la porte et la ferma à clef de l'extérieur.

Puis il COUPA de nouveau l'électricité et l'obscurité retomba dans la pièce.

APRÈS ÇA, GAMIN, TU NE POURRAS PAS DIRE QUE JE NE PENSE PAS À TOI !

Je me précipitai sur la porte et me mis à hurler :
– Ouvre, grand-père ! Je ne veux pas rester **ENFERMÉ** ici toute la nuit, tout seul. Je te promets d'écrire ce livre d'horreur, mais laisse-moi **SORTIR** !
De l'autre côté de la porte, la voix de grand-père me répondit :
– Eh non, gamin, sinon tu vas te déconcentrer et perdre ton inspiration ! Mais, ne t'inquiète pas, j'ai pensé à tout : j'ai donné à tout le monde un congé d'une semaine. Personne ne te dérangera.
Dans le bas de la porte s'ouvrit alors un petit **GUICHET** que je n'avais pas remarqué auparavant, et à travers lequel grand-père introduisit un pichet d'**EAU** et un morceau de **pain**.

Puis il déclara, satisfait :

– C'est pour toi ! Et ne fais pas une INDIGESTION, ça te déconcentrerait.

Je voulus protester mais ce fut inutile : son pas s'ÉLOIGNAIT déjà, résonnant sinistrement dans l'obscurité.

Je n'avais plus qu'une chose à faire : écrire ce livre, et le plus VITE possible ! Les moustaches vibrant de stress, je m'installai à mon bureau, pris du papier et un crayon, et me mis à écrire.

J'essayai mille façons différentes de commencer, mais aucune, vraiment aucune ne me satisfaisait…

Je CHIFFONNAI les feuilles de papier et les lançai dans la corbeille, les unes après les autres. Très vite, je fus enseveli sous une montagne de papiers ! RIEN à faire : j'étais tout bonnement incapable de commencer un livre d'horreur…

Je me laissai gagner par la panique.

C'est alors qu'il se passa quelque chose de vraiment inattendu…

TOC, TOC, TOC…

Soudain, j'entendis FRAPPER à la fenêtre. Intrigué, j'allai ouvrir et découvris quelque chose de vraiment surprenant : une chauve-souris. Elle tenait entre les pattes un paquet blanc de forme RECTANGULAIRE, qui semblait beaucoup trop lourd pour elle.
C'était une liasse de feuilles retenues ensemble par un *ruban* violet. Bizarre !

La chauve-souris voleta en zigzaguant à travers mon bureau…

Parvenue au-dessus de ma table, elle ouvrit ses petites pattes et lâcha le paquet, qui tomba avec un bruit sourd :

STONF !

Elle reprit son souffle, puis hurla :

– Hiiiii ! Siii on m'avait diiit que ce serait siii fatiiigant !!

Je m'approchai et lui offris une gorgée d'eau : elle était ÉPUISÉE !

Savoir combien de temps elle avait volé !

Quand je fus sûr qu'elle avait repris des forces, je lui demandai, intrigué :

– Qui es-tu ? Et que viens-tu faire ici avec tous ces papiers ?

Elle me répondit d'une petite voix si AIGUË qu'elle me perfora les tympans :

– Hiii, tu ne m'as pas remiiise ? Je suiiis Chovsoukriii ! C'est Ténébreuse, ta fiiiancée, quiii m'envoie !

– Stop, une seconde, je n'ai AUCUNE fiancée.

– Allez, iiinutiiile de niiier, Stiiilton, c'est elle quiii me l'a diiit, ma petiiite patronne !

– Mais non, allons, c'est là où tu te trompes ! C'est elle qui s'est mis dans la tête de devenir ma fiancée…

– Bon, Stiiilton, laissons tomber. Elle m'a donné ce manuscriiit pour toi. Elle a diiit qu'iiil faut absolument le publiiier, compriiis ?

Puis la chauve-souris s'envola par la fenêtre en criant :

– Hiii, Stiiilton ! Éviiite de décevoir ma petiiite patronne, siiinon je reviiiens pour t'épiiiler les moustaches, compriiis ?

moustaches moustaches moustaches moustaches moustaches

J'allais me pencher à la fenêtre pour lui répondre, mais elle était déjà loin dans la nuit.
Il ne manquait plus que cela : être TOURMENTÉ par Ténébreuse Ténébrax dans une glaciale nuit sans lune !
J'ouvris tout de même le manuscrit entouré d'un ruban violet et commençai à le lire : j'étais très, très CURIEUX !

KIDNAPPING CHEZ LES TÉNÉBRAX !

PAR TÉNÉBREUSE TÉNÉBRAX

Confidentiel pour Geronimo Stilton

TÉNÉBREUSE TÉNÉBRAX...
C'EST MOI !

Les rayons de la lune éclairaient le CIMETIÈRE, qui baignait dans une brume spectrale. Le givre nocturne s'ÉGOUTTAIT des branches squelettiques sur les pierres tombales, tachées d'une mousse verdâtre.

C'était une nuit fantomatique, ***délicieusement*** fantomatique, à Châteaucrâne, le vieux manoir de la famille Ténébrax… de *ma* famille, parce que *je* suis **TÉNÉBREUSE TÉNÉBRAX** !

Vous avez dû entendre parler de moi : je suis la plus célèbre cinéaste de l'île des Souris, spécialisée dans les films d'ho-r-r-r-reur !

D'ailleurs, ce jour-là, je devais recevoir le *Premier Prix* du FESTIVAL DU FILM D'HORREUR !

Mon réveil-crâne joua une lugubre **marche funèbre**.

MINUIT, L'HEURE DU RÉVEIL !

Ici, à Châteaucrâne, tout le monde se lève à minuit pile !

Je m'étirai dans mon lit à baldaquin aux draps violets.

Comme toujours, ma première pensée fut pour *Geronimo Stilton* !

Je composai son numéro sur mon téléphone portable.

– Allôôô ? Geronimo ? C'est moi, Ténébreuse ! Je viens juste de me lever et j'ai *tout de suite* pensé à toi, tu es content ?

Il protesta :

– Pourquoi m'appelles-tu toujours à minuit ?

Je susurrai :

– Un bisou de ta Ténébreuse.

Ciao !

Puis je raccrochai.

Essence de Momie et Cristaux de Crypte

Je me brossai les dents avec mon **DENTIFRICE NOIR SCORPIONYX** et me laissai glisser dans une baignoire remplie d'écume aux CRISTAUX DE CRYPTE !

J'étalai sur mon visage la **CRÈME DE BEAUTÉ À LA RATE D'ASTICOT**.

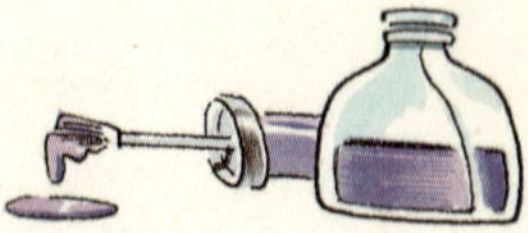

Je me tamponnai le bout du museau de **Poudre à la Poussière d'Os de Dragon**. Sur mes lèvres, un trait de **Rouge Violet aux Myrtilles des Sorcières**, sur mes ongles un vernis assorti. Je coiffai ces longs cheveux dont je suis si fière en vaporisant de la laque au **Crachat de Crapaud**.

Je me parfumai derrière les oreilles avec deux gouttes d'**ESSENCE DE MOMIE**.

Dans mon armoire, je choisis une veste de soie avec un manteau de brocart.

Je mis à mon cou mon précieux pendentif, un **CROISSANT DE LUNE EN OR**.

Puis je descendis à la cuisine pour prendre mon petit déjeuner.

THÉ DE CHAUVE-SOURIS ET CRÈME DE SANGSUES !

En entrant dans la cuisine, j'eus un pressentiment...
Mon sixième sens (oui, j'ai vraiment un sixième sens, comme les chats) me signalait qu'il manquait *quelque chose* au château.

Hum, *quoi* donc ?
Monsieur Joseph me servit une tasse de thé aux ailes de chauve-souris.
– Félicitations pour le *Premier Prix* du Festival du Film d'Horreur, T.T. !
T.T., c'est-à-dire TÉNÉBREUSE TÉNÉBRAX : c'est ainsi que m'appellent mes amis.

– Merci ! dis-je en souriant et en trempant dans le thé un croissant délicieusement moisi, farci aux toiles d'araignées caramélisées et à la crème de sangsues.

Il déposa sur la table une fournée de biscuits **en fricassée**… me fit cuire des œufs brouillés **en fricassée**… et me prépara un coulis **en fricassée**.

Quel délice !

Mais je continuais à avoir ce **pressentiment**…

Tout est normal, c'est-à-dire spectral, comme d'habitude !

Je mis sa laisse à **KAFKA**, notre cafard domestique, et l'emmenai faire pipi dans le parc du château. Puis je lui lançai un osselet et il aboya joyeusement.

Tout paraissait *normal*, c'est-à-dire... **spectral**, comme d'habitude.

Tout était calme dans le BASSIN DES PIRANHAS, toujours prêts à DÉPULPER les voleurs entrés en cachette !

Dans la PISCINE, l'eau était **PAISIBLE** (il n'y a que nous, dans la famille, qui sachions que, tapis au fond, des CROCODILES affamés sont aux aguets).

CHOVSOUKRI, ma chauve-souris bien-aimée, ronflait encore la tête en bas. Les FRAISES CARNIVORES de la SERRE grignotaient **goulûment** une côte de bœuf. Dans les OUBLIETTES DU CHÂTEAU, j'entendis *quelqu'un* hurler (pourquoi donc ? Bof !). Je dis bonjour à papa **SOUTERRAT**, qui était en train d'enterrer son dernier client…

J'envoyai un bisou à **MAMIE CRYPTE**, qui était en train de nourrir Dolores, sa très dangereuse tarentule géante… Je jetai un coup d'œil furtif à **GRAND-PÈRE FRANKENSTAÏE**, qui s'affairait, très concentré, dans son MUSÉE DES MOMIES ÉGYPTIENNES.

MADAME LATOMBE jouait au

violon des airs déchirants, accompagnée par le gazouillis de **CARUSO**, son féroce canari-garou...

Je vis **MONSIEUR JOSEPH** qui fouillait les poubelles à la recherche de cafards frais pour sa **fricassée**...

Je bavardai un moment avec le **MAJORDOME** qui astiquait l'argenterie de famille. J'entendis **LA CHOSE** gargouiller dans le fossé entourant le château (savoir ce qu'elle était en train de digérer ?).

J'aperçus les jumeaux **SGNIC** et **SGNAC** qui préparaient une farce épouvantable sur leur ordinateur...

Voici ma nièce **FRISSONNETTE**.

Elle était en train d'écrire son *journal secret* en caressant son caméléon, **TORTILLA**.

BÉBÉ venait juste de se réveiller et réclamait sa bouillie **fricassée**.

Tout semblait *normal*, c'est-à-dire… **spectral**, comme d'habitude.

Mais dès que nous fûmes sortis du château, Kafka se mit à aboyer nerveusement.

Je remarquai d'étranges empreintes devant le pont-levis… Comme si *quelqu'un* avait été traîné contre sa volonté !

Je trouvai une feuille arrachée !

Et une brosse à dents rouge !

C'est alors que je compris. Il manquait *quelque chose* au château. Il manquait

ANÉMINE !

Anémine, notre bien-aimée plante de garde, choyée et nourrie avec les meilleurs morceaux *(boulettes de lombrics, pâté de larves de mouches, filet de vipères)*, avait disparu, comme...

UN SPECTRE AUX PREMIÈRES LUEURS DE L'AUBE !

ANÉMINE

Qui est-ce : son nom scientifique est *Horrorifica Dentibulata Karnivoria*, mais on la surnomme Anémine. C'est la plante de garde de la famille Ténébrax. Elle a des pétales charnus munis de dents pointues.

Son secret : elle est très fière de sa collection de brosses à dents rouges !

ALERTE GÉNÉRALE TÉNÉBRAX !

Le majordome diffusa un message enregistré que l'on entendit dans tout le château :

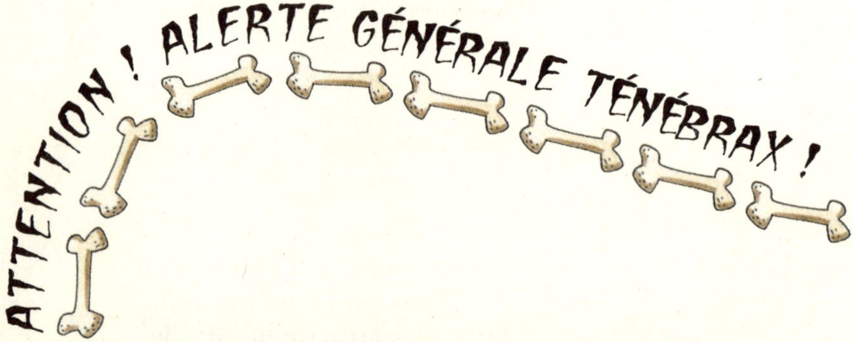

Grand-père ordonna :

– *Par mille momies démomifiées !* Toute la famille Ténébrax au rapport ! **Im-mé-di-a-te-ment !**

Nous cherchâmes Anémine partout.

Rien… rien… rien… **RIEN !**

J'étais furieuse.

– PAR MILLE SALAMANDRES EN SAUMURE ! Si celui qui a kidnappé Anémine me tombe sous les ongles, j'en fais de la **BOUILLIE** de premier choix, finement hachée !

Grand-mère hurla :

– Et moi je le donne à manger aux araignées !

Grand-père menaça :

– Et moi je le **MOMIFIE** !

Monsieur Joseph hulula :

– Et moi je le **fricasse** dans ma **fricasséeeee** ! **Sacrebleu !**

Madame Latombe téléphona à tous nos voisins pour leur demander s'ils avaient des nouvelles d'Anémine.

Cependant, grand-père annonça solennellement :

– Nous avons besoin d'une **RÉUNION DE FAMILLE EXTRAORDINAIRE** pour décider qui partira à sa recherche !

Nous nous réunîmes dans la bibliothèque et votâmes à patte levée (c'est toujours ainsi que nous prenons nos décisions).

Résultat de la consultation : c'est moi qui allais partir à la recherche d'Anémine !

Grand-père ajouta :

– Bien que, d'habitude, j'*économise jusqu'à l'os*, cette fois, nous ne regarderons pas à la dépense pour retrouver notre Anémine ! Elle fait partie de notre famille ! Et l'affection n'a pas de prix ! La F.T., c'est-à-dire ma famille, la FAMILLE TÉNÉBRAX, est très unie. Nous nous aimons beaucoup et c'est surtout dans les moments difficiles que nous nous le montrons !

Le majordome ouvrit le **COFFRE-FORT** où

est conservé le très précieux trésor de la famille Ténébrax, un trésor qui remonte à 1113 !

Le majordome (c'est lui qui tient les comptes de la famille) alla chercher un petit tas de pièces d'or à l'aide d'un filet mécanique.

– Croyez-vous que cela suffira, mademoiselle Ténébrax ?

Grand-père consulta dans la bibliothèque tous les livres sur les plantes carnivores (comme Anémine).

Il me tendit un vieux volume relié de cuir. Je l'ouvris et lus attentivement…

Plantes carnivores

Elles se nourrissent de petits animaux, surtout d'insectes (c'est pourquoi on les appelle également « plantes insectivores »). Elles poussent dans des milieux inhospitaliers et pauvres en sels minéraux, tels que des marécages, des terrains rocheux et des déserts.
Pour survivre dans de telles conditions au cours des millénaires, elles ont transformé leurs feuilles en véritables pièges pour capturer et digérer les petits animaux dont elles tirent l'azote et le phosphore indispensables à leur croissance.

Il existe plus de 500 espèces de plantes carnivores : les plus répandues sont *Dionaea, Drosera, Sarracenia, Pinguicula, Nepenthes* et *Utricularia*.

Les plantes carnivores sont très différentes les unes des autres.
Elles peuvent être aussi petites que la pointe d'une aiguille ou mesurer plusieurs mètres, être vertes ou colorées, fleuries ou dépouillées, aquatiques ou terrestres.

La *Drosera Spatulata* produit de nombreuses graines.

Systèmes de capture

Les plantes carnivores ont développé différents systèmes pour la capture et l'absorption des petits animaux.
Ces pièges sont toujours placés sur les feuilles

ou sur les bourgeons, mais agissent de manière différente.
Les systèmes les plus répandus sont les suivants :

La *Dionaea Muscipula*, ou « gobe-mouches de Vénus », est la plus connue des plantes carnivores.

- Pièges actifs : la feuille se referme brusquement dès qu'elle entre en contact avec un insecte, qu'elle prend ainsi au piège avant de le digérer. Il n'existe qu'une seule espèce ayant recours à ce type de piège, la *Dionaea Muscipula*.

- Pièges collants : la feuille produit une colle sur laquelle vient se prendre l'insecte. Puis elle se replie sur sa proie et la digère. Deux genres de plantes carnivores utilisent ce type de piège, la *Pinguicula* et la *Drosera*.

La *Drosera Binata* a des feuilles pointues et collantes qui forment une sorte de toile d'araignée.

- Pièges à ascidies : une ascidie est une feuille en forme de cône. Les insectes qui y tombent ne peuvent plus en ressortir et sont lentement digérés. L'ouverture du cône est habituellement colorée ou pourvue de glandes qui produisent un nectar pour attirer les proies. Parmi les espèces qui ont adopté ce type de piège figurent les *Nepenthes* et *Sarracenia*.

La *Sarracenia Flava* a des feuilles en forme de cône qui produisent du nectar.

Plus rapide qu'une chauve-souris avec une fusée sur le dos !

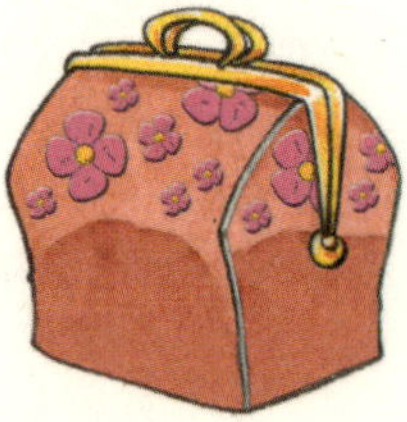

Mon enquête s'annonçait difficile, et j'allais avoir besoin de tout mon équipement d'urgence ! J'attrapai au vol le SACAX, le sac *spécial* pour les occasions *spéciales* de la *spéciale* famille Ténébrax ! Je courus jusqu'au garage, dans lequel se trouvaient tous les moyens de transport de ma famille. Sans hésitation, je bondis dans ma TURBO-TOMBOHOOVER 3000, le cor-b-b-billard dernier cri hyper-compres-s-sé décapo-t-t-table ! C'est une vraie bête : sous le capot, elle a un moteur de 3 000 rats d'égout-vapeur !

Plus rapide qu'une chauve-souris...

Boîte de croquettes pour cafards

Je secouai la boîte de croquettes pour cafards et Kafka bondit sur le siège à côté de moi. Je démarrai, plus rapide...

... qu'une chauve-souris avec une fusée sur le dos !!!

SAC SPÉCIAL POUR LES OCCASIONS SPÉCIALES DE LA SPÉCIALE FAMILLE TÉNÉBRAX !

IL CONTIENT TOUT LE NÉCESSAIRE POUR LES SITUATIONS D'URGENCE !

- **Combinaison moulante noire** pour être invisible dans l'ombre !
- **Lunettes à rayons infrarouges** pour voir la nuit !
- **Chaussures à ventouses** pour grimper le long des murs comme une mouche !
- **Perruques** (blonde, rousse, brune) pour se déguiser !
- **Lunettes** variées pour se déguiser !
- **Corde hyperrésistante** avec crochet d'acier pour l'escalade !
- **Filet très fin et très résistant** pour capturer les malfaiteurs !
- **Stylo à encre sympathique** pour écrire des messages invisibles !
- **Cafard mécanique** avec caméra vidéo incorporée pour espionner sans être vu !
- **Supertorche hyperpuissante** qui éclaire à un kilomètre de distance !
- **Lentilles de contact colorées** pour modifier la couleur des yeux en fonction de celle de la perruque !
- **Téléphone satellitaire** hyperaccessoirisé en forme de sarcophage égyptien !
- **Micro-ordinateur portable satellitaire** relié à internet !
- **Perche télescopique** pour sauter en hauteur !

UN V-VAMPIIIRE !

Par où débuter mon enquête ?

Peut-être devrais-je commencer par lancer un appel à la télévision, ou à la radio, ou dans les journaux…

HUMMM, QUELLE IDÉE TÉNÉBREUSE !

Il fallait que je m'adresse à *Geronimo Stilton* : il peut être utile d'avoir un fiancé qui dirige un quotidien !

En effet, Geronimo dirige *L'ÉCHO DU RONGEUR*, le plus célèbre journal de l'île des Souris.

Lorsque j'arrivai à Sourisia, il faisait encore nuit noire. Je m'arrêtai devant le 8, rue du Faubourg-du-Rat.

C'est là qu'habite mon fiancé Gerominou.

Je lui téléphonai… mais le malin avait éteint son téléphone !

Je lui envoyai un e-mail avec mon ordinateur portable… mais il avait débranché l'ordinateur !

Je tirai la sonnette… rien !

Je ricanai.

Pauvre naïf…

Il croyait peut-être me décourager ?

J'adore les défis !

Et je ne m'arrête *j-a-m-a-i-s* devant *r-i-e-n* ni *p-e-r-s-o-n-n-e* !

Je laissai Kafka dans la voiture.

J'escaladai la façade en m'aidant d'une plante grimpante. J'atteignis bientôt sa fenêtre, qui était ouverte…

Je me glissai à l'intérieur, aussi silencieuse qu'un chat.

Je m'approchai du lit de Geronimo

tandis que ma cape voletait derrière moi. Je me penchai et lui donnai un bisou dans le cou, en murmurant :

– Geronimoooooooooo...

Il bondit en hurlant.

– **UN V-VAMPIIIRE !**

J'allumai ma lampe torche et la braquai dans ses pupilles.

– Mais non, *chouchou*, c'est moi, Ténébreuse !

Il cria :

– J-j'ai bien cru que j'allais m'évanouir ! J'ai vu une silhouette volante qui s'approchait de mon cou... On aurait dit, on aurait vraiment dit un vampire, tu sais.

Je le secouai.

– Chouchou, lève-toi, il faut que tu m'aides !

Geronimo soupira :

– *Par mille mimolettes*, je veux dormir ! Déjà que tu me réveilles à minuit… Pourquoi me persécutes-tu ?

Je lui hurlai dans les oreilles :

– Il faut aller tout de suite à *L'ÉCHO DU RONGEUR* ! Fais arrêter l'impression du journal d'aujourd'hui ! Il faut mettre en une la photo d'Anémine ! Avec un titre énorme : « QUI L'A VUE ?! »

Geronimo soupira :

– Pas question, j'ai sommeil !

C'est alors que je me mis à pleurer.

– S'il te plaît, aide-moi ! Anémine a été enlevée !

Je ne pleure jamais. Je vous l'assure, j-a-m-a-i-s !

C'est pourquoi, lorsqu'il me vit en larmes, Geronimo comprit que la situation était **GRAVE**.

Ému, il me consola :

– Ténébreuse, je vais t'aider, c'est à cela que servent les amis, à vous soutenir dans les moments difficiles !

Puis il prévint la rédaction qu'il y avait une urgence. Nous sortîmes et je le conduisis en voiture à *l'Écho du rongeur* !

... JE LE CONDUISIS EN VOITURE À « L'ÉCHO DU RONGEUR »

HUMMM, CURIEUX !!! HUMMM, CURIEUX !!!

Je laissai Geronimo devant *L'ÉCHO DU RONGEUR*.
Les bureaux étaient ouverts, parce que c'est la nuit que l'on imprime les quotidiens.
Geronimo me promit :
– Ne t'inquiète pas. Nous allons imprimer la photo d'Anémine en une. Reviens dans une heure et je te donnerai le premier exemplaire du journal tout frais imprimé !
Je décidai d'aller faire un tour à pied dans la ville à la recherche d'indices.
Je croisai une file de MYSTÉRIEUSES camionnettes vertes, avec un MYSTÉRIEUX symbole sur les côtés : une MYSTÉRIEUSE fleur ricanante.
Je m'aperçus que les MYSTÉRIEUSES

JE CROISAI UNE FILE DE MYSTÉRIEUSES
CAMIONNETTES VERTES.

DES CAMIONNETTES VERTES...

... DESCENDAIENT DES JARDINIERS...

... QUI PLANTAIENT DE MYSTÉRIEUSES PLANTES !

empreintes des pneus étaient en forme de **FLEURS**. **HUMMM, CURIEUX !!!**

Les camionnettes s'arrêtèrent sur la place centrale de la ville.

Il en descendit des équipes de **MYSTÉRIEUX** jardiniers en combinaison verte, qui plantèrent de **MYSTÉRIEUSES** plantes aux pétales bleus et aux feuilles épineuses dans les plates-bandes et dans les jardinières de toute la ville.

HUMMM, CURIEUX !!!

Puis je passai devant le magasin d'**Hortensio Marguerit**, le fleuriste de la famille Ténébrax. Sur la vitrine de son magasin **FLORAT** était accroché un **MYSTÉRIEUX** panonceau.

Hortensio avait-il donc décidé de partir en vacances sans me prévenir ?

HUMMM, CURIEUX !!!

Tandis que je traversai le quartier du port, une des plantes aux pétales bleus bondit hors de son pot et me mordit !

Sgnac !

C'est alors que je compris : c'était une plante carnivore ! Et elle n'était pas seule ! Je regardai autour de moi : les plantes bondissaient hors des plates-bandes, des jardinières, des pots placés sur le bord des fenêtres.

Elles se déplaçaient rapidement en mordant les passants de leurs petites dents pointues et en les piquant de leurs feuilles épineuses. Elles attaquaient en bandes et tout le monde s'enfuyait, terrorisé !

MONSIEUR STILTON A UNE FIANCÉE ???

Je décidai de prévenir Geronimo sans tarder.
Ça, c'était une nouvelle sensationnelle.
J'entrai au pas de course dans les bureaux de *l'ÉCHO DU RONGEUR*.

– Je suis **TÉNÉBREUSE TÉNÉBRAX**, la fiancée de Geronimo. Dites à mon fiancé, c'est-à-dire à Geronimo, de venir t-o-u-t d-e s-u-i-t-e !

Tout le monde se mit à murmurer, ébahi (et excité) :

– M. Stilton a une fiancée ???

– Mais depuis quand ???

– Mais qui est-ce ???

– Quelle nouvelle incroyable !!!

– Quelle nouveauté assourissante !!!

– Quel commérage délicieux !!!

– Psss pss psssssss…

– Et pssssss et psssss et pssssssssssssss…

Enfin, Geronimo arriva, écarlate de confusion, accompagné (ou plutôt traîné) par Pinky Pick,

sa collaboratrice éditoriale (en même temps que ma grande copine).

Il murmura :

– Euh, Ténébreuse, s'il te plaît, évite de raconter à tout le monde que tu es ma fiancée, je…

JE COUPAI COURT.

– Geronimo ! Il se passe quelque chose de MYSTÉRIEUX ! Une ar-mée de plan-tes car-ni-vo-res a envahi la ville !

Il m'écouta, stupéfait.

– Que dis-tu ? Une armée ? De plantes carnivores ? Mais c'est un SCOOP pour *l'Écho du rongeur* !

Il hurla à l'imprimeur :

– Stoppez tout !!! Arrêtez encore les machines, nous allons ajouter une MYSTÉRIEUSE nouvelle au journal : une armée de plantes carnivores a envahi la ville !

Il me félicita :

– Ténébreuse, tu es exceptionnelle !

Je repartis peu après, avec mon exemplaire de *l'Écho du rongeur*. Il annonçait deux MYSTÉRIEUSES nouvelles : la disparition d'Anémine… mais aussi l'apparition d'une armée de plantes carnivores !

À bord de mon corbillard, je me remis à sillonner la ville à la recherche de ma plante. Il faisait encore nuit, mais l'aube n'était plus très loin…

TAXI
VVVRRROUUUMMM !

STOP

Sourisia, ville fantôme !

Je sillonnai et re-sillonnai et re-re-sillonnai toutes les rues.

Pas l'ombre d'un pétale d'Anémine, pas la pointe d'une feuille.

Pendant ce temps, l'armée des plantes carnivores avait envahi toutes les rues et personne n'osait plus circuler. Sourisia ressemblait à une **VILLE FANTÔME** !

J'arrêtai la voiture et allumai la petite télévision satellitaire installée sous le tableau de bord.

Le présentateur était pâle comme un fantôme.

Il annonça en balbutiant, terrorisé :

– Cette nuit, Sourisia a été envahie par une armée de plantes affamées qui agressent les habitants !

AVIS À LA POPULATION : *enfermez-vous à double tour*, je répète, *enfermez-vous à double tour !*

Puis il hurla :

– Aïïïïïïïïïe !

Une plante carnivore venait de planter les dents dans son oreille !

CETTE ÉTRANGE MAISON DERRIÈRE LE CIMETIÈRE...

J'entendis les premières notes de la **SYMPHONIE DE RATOSKY**, dite **LA DÉPRIMANTE** !

C'était la sonnerie de mon portable !

Je repêchai l'appareil au fond de mon **SACAX**.

– Al-l-lô ?

– Allô, T. T. ?

C'était grand-père qui m'appelait de Château Ténébrax.

Je lui expliquai que, hélas, je n'avais pas encore trouvé Anémine et je raccrochai.

Mon portable sonna de nouveau.

– Allôôô ! Mademoiselle Ténébreuse ? Je suis le gardien du cimetière, j'ai reconnu la photo de votre plante sur *l'ÉCHO DU RONGEUR* ! Je l'ai vue passer à bord d'une camionnette verte qui laissait des traces de pneu en forme de fleurs. La plante appelait au secours, et a jeté par la fenêtre une brosse à dents rouge.

Je demandai, angoissée :

– Où se dirigeait la camionnette ?

– Je l'ai vue se diriger vers CETTE ÉTRANGE MAISON DERRIÈRE

LE CIMETIÈRE… vous savez, celle que personne ne veut louer, qui est vide depuis des années… On dit qu'elle est hantée…

Je le remerciai et me précipitai dans le cimetière.

La SILHOUETTE SPECTRALE de la MAISON se détachait sur la clarté de la pleine lune. Je la connaissais bien, j'allais souvent y jouer quand j'étais petite, j'aimais son atmosphère inquiétante.

J'adore les émotions fortes !

La MAISON paraissait à l'abandon.

J'entrai, SILENCIEUSE COMME UN RAT PUTRÉFIÉ et rapide comme un VAMPIRE EN VOL.

Tout était comme dans mon souvenir !

Oui, dans l'Étrange Maison Derrière le Cimetière, tout était délicieusement spectral : il y avait toujours ces meubles recouverts de housses qui, dans la pénombre, évoquaient des fantômes… Le plancher grinçait *encore* de manière inquiétante… Les murs étaient *encore* décorés d'une tapisserie à petites fleurs blanches et noires… Dans le grenier, les hiboux hululaient *encore* lugubrement… Au plafond se projetaient *encore* des ombres effrayantes !

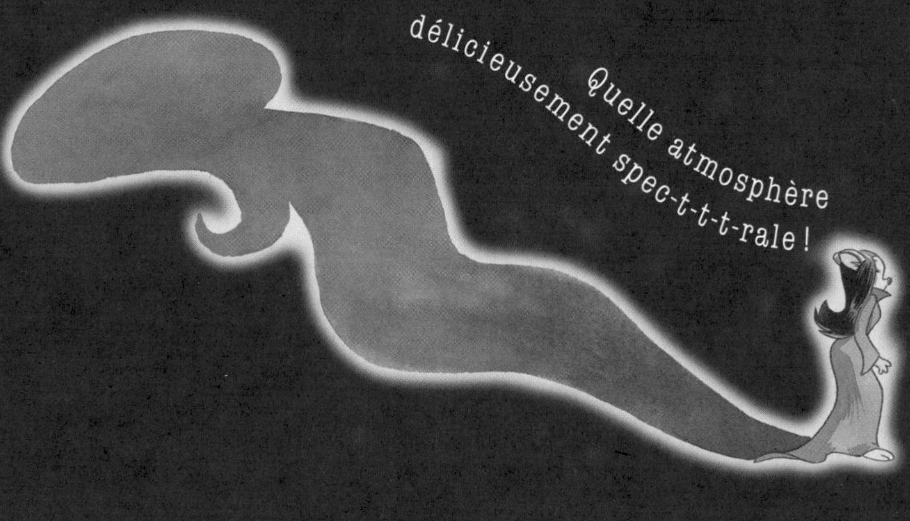

QUI VIEEENT TROUBLEEER MON SOMMEIIIL ?

Un FANTÔME vint voleter autour de moi, agitant son drap blanc. Ses yeux scintillaient dans l'obscurité, lançant comme des éclairs. Il secoua les CHAÎNES qu'il traînait derrière lui. Puis il HURLA d'une voix d'outre-tombe…

– *Qui vieeent troubleeer mon sommeiiil ? Fuiiis siii tuuu veux revoiiir la lumièèère du soleiiil… et ne revieeens jamais pluuus… jamais pluuus… jamais pluuus…*

Je ricanai :

– HA HA HAAAAAA !

Cette serpillière raccommodée croyait qu'elle allait m'effrayer, *moi* ? TÉNÉBREUSE TÉNÉBRAX ?

C'est alors que j'eus une intuition…

Au lieu de fuir, je fis un pas en avant et empoignai le drap à deux pattes. Puis je tirai d'un coup sec. Ce fantôme était un faux !
Ce drap dissimulait une machine en métal très compliquée.
Des haut-parleurs diffusaient la voix du fantôme. Les yeux étaient de petit **phares jaunes**.
Aux chaînes de plastique était encore attachée l'étiquette d'un magasin de farces et attrapes.
Je lui décochai un coup de pied et la machine s'écrasa à terre dans un grand bruit de ferraille. Qui pouvait bien avoir intérêt à tenir les curieux à l'écart de **CETTE**

ÉTRANGE MAISON DERRIÈRE LE CIMETIÈRE ?

Soudain, Kafka remarqua *quelque chose.*

Il renifla, les narines frémissantes, puis démarra comme un bolide en direction de la cave de la MAISON.

Il suivait des empreintes dans la poussière !

Elles étaient brouillées, comme si *quelqu'un* avait transporté *quelque chose* de lourd *quelque part* !

HUMMM, CURIEUX !!!

J'encourageai mon valeureux cafard en lui jetant un osselet.

– Bravo, Kafka ! Suis la piste !

Piège à souris !

Je descendis…

précautionneusement…

l'escalier…

qui menait…

à la cave !

J'avais un pressentiment…
Trop tard ! À peine étais-je entrée qu'une lourde grille d'acier retomba dans mon dos.

J'ÉTAIS PRISE AU PIÈGE !

Je ne pouvais plus aller que de l'avant. Le couloir dans lequel je me trouvais, creusé dans la roche, était de plus en plus **ÉTROIT** !

Autour de moi, l'obscurité était dense, seulement éclairée par quelques champignons phosphorescents.
Quelle HUMIDITÉ ! Et quelle odeur de MOISISSURE !

J'étais entourée d'araignées et de vers de toutes sortes…

un endroit vraiment ATR-R-R-ROCE !

J'aperçus une lueur dans le lointain.

Il faisait de plus en plus chaud.

CHAUD et HUMIDE, comme... dans une serre ???

J'écarquillai les yeux.

Incr-r-royable !

Le... couloir... de... la... cave...

débouchait... justement... dans...

une... immense... caverne... souterraine...

transformée... en... serre !

Horrorifica Dentibulata Karnivoria !

Au long des murs, je découvris des **rangées** et des rangées et des **rangées** et des rangées et des **rangées** et des rangées et des **rangées** et des rangées et des **rangées** et des rangées et des **rangées** et des rangées et des **rangées** et des rangées et des **rangées** et des rangées et des **rangées** et des rangées et des **rangées** et des rangées et des **rangées** et des rangées et des **rangées** et des rangées et des **rangées** et des rangées et des **rangées** et des rangées et des **rangées** et des rangées et des **rangées**... d'étagères surchargées de pots ! Dans les pots se trouvaient les plantes aux pétales bleus qui semaient la terreur en ville ! Et au milieu de la serre, tenant un arrosoir dans une patte et un râteau dans l'autre, je découvris... Hortensio Marguerit !

– Hortensio ! Que faites-vous ici ???

En me voyant, il s'écria, surpris :

– Ooooh !!! Mademoiselle Ténébreuse !!! Ils vous ont enlevée, vous aussi ?

Je ricanai.

– Allons donc !!! M'enlever, moi ???

L'idée était tout simplement ridicule !

Hortensio chuchota en tremblant :

– Moi, *il* m'a enlevé de force dans mon magasin. *Il* m'a forcé à créer cette nouvelle espèce végétale, la PLANTE GUERRIÈRE, dont le nom scientifique est *Ferocilla Mordens Margheratti* !

J'effleurai du doigt une petite pousse. Elle ouvrit grand sa bouche aux dents pointues et essaya de me croquer le doigt. J'étais tr-r-rès étonnée.

HUMMM, CURIEUX ! D'habitude, les plantes carnivores me trouvent plutôt sympathique !

Hortensio m'expliqua :

– Ce sont des plantes trrrès belliqueuses ! J'ai obtenu cette espèce en croisant divers végétaux agressifs comme l'*Artichocolus Piquans* et le *Chardonus Epinorosus* avec la *Nepeta Cataria* ! À propos, savez-vous ce qu'est la *Nepeta Cataria* ?

Il feuilleta un traité sur les plantes et lut à voix haute :

– Bien bien bien, je disais donc, voici, c'est cela…

NEPETA CATARIA : HERBE QUI PEUT ÊTRE CULTIVÉE EN POT. ELLE A UN PARFUM TRÈS PROCHE DE CELUI DE LA MENTHE. ELLE PLAÎT BEAUCOUP AUX CHATS ET…

JE COUPAI COURT.

– J'ai compris, *Nepeta Cataria*, encore appelée HERBE À CHATS… Venons-en au fait !

Hortensio reprit :

– Pour que l'expérience réussisse, il me fallait une plante très rare, unique au monde : **épineuse** mais **précieuse**, **capricieuse** mais **affectueuse**, **pleurnicheuse** mais **courageuse**, **farceuse** mais **chatouilleuse**, **boudeuse** mais **ingénieuse**, **présomptueuse** mais **joyeuse**, **affreuse** mais **gracieuse**, **monstrueuse** mais **mystérieuse**, **harmonieuse** mais **ténébreuse**, **orgueilleuse** mais **facétieuse**, **sourcilleuse** mais **broussailleuse**, **studieuse** mais **spongieuse**, **insidieuse** mais **pagailleuse** et...

JE COUPAI COURT : ouf, quel bavard, cet Hortensio ! Quand il se lançait dans des explications, plus moyen de l'arrêter.

– Bref : venons-en au fait !

Il murmura, de plus en plus mystérieux :

– Le nom scientifique de cette espèce rare, de cette espèce très rare, est *Horrorifica Dentibulata Karnivoria*, c'est-à-dire...

JE COUPAI COURT :

– ... c'est-à-dire ma plante carnivore bien-aimée **ANÉMINE** !

Artichocolus Piquans

+

Chardonus Epinorosus

+

Nepeta Cataria
(Herbe à Chats)

+

Horrorifica Dentibulata Karnivoria
(Anémine)

=

Ferocilla Mordens Margheratti

MIAM MMM MIAMMMM MMM MM ?

Je criai :

– Je veux voir Anémine **TOUT DE SUITE** !

Hortensio ouvrit immédiatement la porte d'une pièce **BLINDÉE** (à l'épreuve des effractions) et insonorisée (à l'épreuve des bruits), où était enfermée ma petite plante chérie.

Le fleuriste y pénétra et revint en portant le vase d'Anémine.

Elle était toute penaude et abattue, mais, dès qu'elle me vit, elle se mit à agiter ses feuilles et à grincer des dents.

Je me précipitai à sa rencontre.

– Je t'aime, Petite Fleur Vénéneuse de Mon Cœur !

Je lui parlais dans la LANGUE DES PLANTES…

– MIAM MMM MIAMMMM MMM MM ?

(Traduction : Comment vas-tu, ma petite chérie ?)

Elle sanglota :

– MMGN GNM GG MIAMIAMIAM !

(Traduction : La famille me manque tellement !)

– NMG MMMGNM !

(Traduction : Calme-toi !)

– GNMG N MIAMMMMM !

(Traduction : Ramène-moi à la maison !)

Je caressai tendrement ses feuilles épineuses.

– Je m'en occupe, ma petite. Nous serons bientôt de retour à la maison.

C'est alors que nous entendîmes une voix stridente :

– Quelle scène ÉMOUVANTE ! Hélas, je regrette de devoir vous décevoir, mademoiselle Ténébreuse : vous n'allez pas pouvoir repartir de sitôt !

Hortensio frissonna.

– Le voilà : c'est *lui* !

Je demandai :

– Qui, *lui* ?

KK!

KHLOROPHYLLE KHLORE !

JE LEVAI LES YEUX…

Un rat FLUET et anguleux venait d'apparaître à un balcon de pierre, en haut de la caverne.

Il avait l'air **LOUCHE** et *FUYANT*, un regard MALIN comme celui d'un *serpent*.

Il était accoutré de manière ridicule ! Il portait un manteau de satin brillant **couleur vert pomme** !

Il avait également un survêtement **couleur vert petit pois** !

Il avait de très longues moustaches tombantes, semblables aux branches d'un saule pleureur, et de **couleur vert paon**.

Son pelage même, hérissé comme les épines d'un cactus, avait des **nuances verdâtres** !

Il s'inclina jusqu'à balayer le sol de ses moustaches et éclata d'un rire effronté.

– Mademoiselle, permettez que je me présente. Je suis Khlorophylle Khlore, sire de Piquerat, baron de Toujoursvert, comte de Radépine, duc de Vandanlébranche, prince de Feuilledor, Grand Maître de l'Ordre Secret des Végétaux. Quant à vous, vous ne vous en êtes peut-être pas encore aperçue, mais vous êtes ma prisonnière ! Hi hi ! Avez-vous compris ? Ma prisonnière !

J'aurais voulu lui dire que :

– pour un Grand Maître, on aurait plutôt dit un Grand Nigaud !

– je trouvai son survêtement vert ridicule !

– j'étais volontaire pour lui arracher ses poils de moustaches un à un, sans anesthésie, et pour…

Mais je gardai mon calme.

Je décidai de faire parler ce vermisseau, pour gagner du temps.

Cependant, je fouillai dans mon SACAX, pour trouver mon téléphone portable !

Je dis :

– Oh, vous êtes vraiment un Grand Maître ? C'est donc vous qui avez envahi tout Sourisia avec l'armée des PLANTES GUERRIÈRES ? Vous devez être tr-r-rès intelligent !

Il eut un petit rire satisfait.

– Félicitations, vous avez tout de suite compris que je suis un génie, n'est-ce pas ? En effet…

Il haussa la voix.

– Mon plan a parfaitement fonctionné ! En ce moment

même, tous les habitants de Sourisia sont barricadés dans leur maison, terrorisés par l'armée des **PLANTES GUERRIÈRES** !

La ville des Souris est en mon pouvoir !

Puis il hurla :

– C'est par hasard que je suis né souris, je n'ai jamais supporté mes semblables, les plantes sont beaucoup plus sympathiques et intelligentes que les rongeurs !

Enfin, il cria à tue-tête :

– Je chasserai tous les rongeurs de l'île des Souris, qui sera envahie

par mes plaaantes ! Le jour de la Vengeance Végétale est Venu !

SOURISIA D'ABORD, PUIS LE MONDE ENTIER : TOUS LES ÊTRES VIVANTS FUIRONT DEVANT MON INVINCIBLE ARMÉE ÉPINEUSE !

TT (.) CEMDC
^..^ :-(JVA

Je faisais semblant de l'écouter avec attention.

Cependant, je murmurai à Anémine dans la **LANGUE DES PLANTES**...

– **MIAM MNNN KHLORMIAM-PHYLMMM, MIAMMMMMM !**

(Traduction : Il faut distraire Khlorophylle, mords-le !)

Elle murmura :

– **MIAMMIKKKKKK !**

(Traduction : Avec plaisir !)

D'un bond foudroyant, elle le mordit au mollet, lui plantant ses petites dents aiguës jusqu'à l'os.

Khlorophylle poussa un **HURLEMENT D'OUTRE-TOMBE** :

– Aïïïïïïïïïïïïïïïe !

Profitant de la confusion, j'envoyai à la famille un SMS en code secret pour les appeler à la rescousse :

TT (.) CEMDC

^..^ :–(JVA

Signification du SMS :

TT	***Ténébreuse Ténébrax***
(.)	***est enfermée dans***
CEMDC	***Cette Étrange Maison Derrière le Cimetière***
^..^	***il y a une souris dangereuse***
:–(	***j'ai besoin d'aide***
JVA	***je vous aime***

Khlorophylle Khlore nous enferma tous les trois dans la pièce BLINDÉE.

Pour nous surveiller, il laissa une escadre de féroces plantes guerrières.

Dès que ses pas se furent éloignés, nous cherchâmes un moyen de nous enfuir.

En fait, il y avait une petite fenêtre… mais, dès que nous essayions de nous en approcher, les plantes grondaient en nous menaçant de leurs dents très pointues.

Soudain, j'eus une idée.

Je demandai à Hortensio :

– Est-ce qu'il vous arrive de chanter pour vos plantes ?

– Pas du tout, je chante faux !

– Vous devriez chanter pour vos plantes : les végétaux sont très sensibles à la *Musique* ! Moi, je chante les mélodies les plus mélancoliques et les plus NOSTALGIQUES pour les fleurs de notre cimetière, afin qu'elles poussent inspirées par

une tristesse romantique ! Ça marchera peut-être aussi avec les **PLANTES GUERRIÈRES** !
J'entonnai une douce chanson :

Oh, valeureuses Plantes Guerrières,
nos redoutables geôlières...
ne piquez pas comme des orties,
mais devenez plutôt nos amies !
À faire la guerre, on ne gagne rien,
c'est en paix seulement qu'on vit bien !

LE DOUX POUVOIR DE LA MUSIQUE

Les PLANTES GUERRIÈRES commencèrent à se dandiner, fascinées, glapissant au rythme de ma chanson.

HUMM... MMM... MMMMMMMHHH...

Hortensio accompagna mon chant en soufflant dans un petit harmonica.

Les **PLANTES GUERRIÈRES** avaient l'air ensorcelées par la mélodie.

Hortensio exulta :

– Ça marche !

Mais, dès que je cessai de chanter, une plante lui mordit la queue. **Sgnac !**

Je lui lançai un regard **FOUDROYANT COMME UN DÉSHERBANT**.

– Hortensio, continuez de jouer, si vous tenez à votre queue !

Je me remis à chanter :

Plantes Guerrières, ne mordez pas
mais chantez, chantez avec moi…
Vive la paix et vive l'amour…
Que l'harmonie dure toujours !

Enfin libres !

Anémine m'enlaça de toutes ses feuilles et en profita pour me donner plein de bisous.

Je lui murmurai :

– Oui, PETIT BOURGEON DE ZIZANIE, moi aussi je t'aime, mais, maintenant, il va falloir du courage !

Nous nous approchâmes de la fenêtre et filâmes en douce.

La matinée était déjà bien avancée…

KHLOROPHYLLE, C'EST FINI POUR TOI !

Quand nous sortîmes, nous découvrîmes que toute la famille Ténébrax avait encerclé la MAISON.

Je m'écriai :

– KHLOROPHYLLE, c'est fini pour toi !

Mais il s'échappa dans un hélicoptère vert, en hurlant d'un ton menaçant :

– Ce n'est pas fini, famille Ténébrax ! Le jour de la Vengeance Végétale est Voisin ! Salades de tous les pays, unissez-vous ! Vive les PLANTES GUERRIÈRES !

Toute la famille Ténébrax fit cercle autour d'Anémine. Monsieur Joseph lui donna un biberon de fricassée tiède.

– Pauvre petite, comme elle doit avoir faim !

Mais il y avait un détail qui m'inquiétait. On ne pouvait tout de même pas chanter continuellement pour que les PLANTES GUERRIÈRES se tiennent tranquilles !

C'est alors qu'Anémine eut une idée.

Elle s'adressa à elles dans la LANGUE DES PLANTES pour les gronder :

– GNGNM NNG MM ! GNMGNMMM M MMMMG !

(Traduction : Soyez gentilles ! Obéissez à maman !)

Elles baissèrent la tête, obéissantes.

Puis elles envoyèrent des petits bisous affectueux en faisant claquer leurs lèvres :

SMAKKK !

Hortensio expliqua :

– J'ai obtenu ces plantes en croisant différents végétaux avec Anémine : c'est pour ça qu'elles la considèrent comme leur… **MAMAN !**

Le majordome se mit à les bercer, attendri.

(Traduction : Je vous aime !)

– J'espère que vous viendrez nous voir au château ! Vous pourrez jouer avec les autres sympathiques végétaux de notre serre. Par exemple, les voraces *fraises carnivores*, les insidieuses **plantes rampantes étrangleuses**, les irritantes **orties urticantes**, le dangereux *lierre vénéneux*, les terribles **prunes purgatives**, les puants **choux pestilents**...

Frissonnette m'embrassa affectueusement et dit :

– Tata, il est tard ! Il me semble que tu as un rendez-vous...

En effet, je devais recevoir un prix pour mon dernier film : *Pieds nus dans le cimetière.*

Je sautai dans ma TURBO-TOMBOHOOVER 3000 et démarrai, tout heureuse !

FIN

FIN D'UN CAUCHEMAR...

Je dévorai d'une traite le BIZARRE manuscrit de Ténébreuse Ténébrax.
Quand j'eus fini ma lecture, je levai les yeux et m'aperçus que l'AUBE se levait.

J'avais lu pendant toute la nuit, sans m'interrompre…

J'avais du mal à l'admettre, mais cela ne signifiait qu'une chose : le manuscrit de Ténébreuse était BON, très bon !

Il était captivant, MYSTÉRIEUX, très amusant, EFFRAYANT juste comme il faut…

Bref, c'était vraiment le genre de livre que j'aurais dû écrire pour mon grand-père… SNIF !

Mais je n'en avais pas été capable… SNIF ! SNIF !

Même si je m'étais donné du mal !

RE-SNIF !

C'est à ce moment que la porte de mon bureau s'ouvrit et que grand-père Honoré fit **IRRUPTION** dans la pièce avec la force et l'énergie d'un cyclone tropical.

— Gamiiiiiiiiiiiiiiiiiiiiiiiiiin !

Alors, gamin, tu as fini ? Tu l'as écrit, ce livre d'HORREUR ?

Il avisa les papiers sur mon bureau et, avant que j'aie pu dire « FROMAGE », il s'empara du manuscrit de Ténébreuse.

Il commença à le feuilleter avidement, accompagnant sa lecture de commentaires de plus en plus enthousiastes :

– Mmmmmmmmmmmmmmmm…

OUAIS…

BIEN BIEN BIEN…

VRAIMENT BIEN…

J'oserais même dire très bon…

ou plutôt… excellent !

Puis mon grand-père s'approcha et me regarda par-dessus ses lunettes cerclées d'acier. Je me sentais tout petit petit… Je commençai à avoir des **SUEURS** froides : je connaissais bien cette expression de mon grand-père…
Il ne la prenait que dans deux occasions : lorsqu'il allait me DISPUTER, ou quand il allait m'apprendre qu'il venait d'avoir une nouvelle **IDÉE**.

Dans les deux cas, pour moi, cela voulait dire des ennuis !

Grand-père marqua une brève P A U S E (juste le temps que je m'inquiète…), puis dit :

– Parlons clair, gamin, ce n'est pas toi qui as *écrit* cela !

– En fait, non, grand-père, je voulais te le dire, mais tu ne m'en as pas laissé le temps…

– Bon, peut-être… De toute façon, c'est très bon. Qui a écrit cela ?

– Une… euh… amie. Elle s'appelle **Ténébreuse Ténébrax**.

Grand-père eut un sourire satisfait.

– Une amie à toi ? Bien bien bien ! Bravo, gamin, tu choisis bien tes amis !

C'est un écrivain de talent !

... ET DÉBUT D'UN NOUVEAU CAUCHEMAR !

Grand-père s'assit sur **MA** chaise et mit les pieds sur **MON** bureau.

– Alors marché conclu ! Tu vas la convaincre de *signer* un contrat avec nous, ou plutôt dc publier chez nous tous les livres qu'elle écrira : je veux l'exclusivité !

Je devins écarlate et essayai d'expliquer à grand-père que la situation était très COMPLIQUÉE :

– Euh, grand-père, il y a un problème. Tu vois, elle… euh… elle est convaincue d'être ma FIANCÉE. Mais ce n'est pas vrai, je te l'assure !

Il me lança un regard sévère.

– Tant mieux, gamin ! Donne-lui un coup de téléphone, offre-lui un bouquet de ROSES et fais-lui signer ce contrat !

Je hurlai, exaspéré :

– Le problème, c'est que, si je l'appelle, si je lui apporte un bouquet de fleurs, et cetera et cetera… JE NE POURRAI PLUS M'EN DÉBARRASSER !

Grand-père me tendit le téléphone.

– Choisis : soit tu écris un livre d'horreur, soit tu appelles cette Ténébreuse. MAINTENANT.

J'appelai Ténébreuse.

Elle décrocha, ensommeillée.

– Chouchou ! Comme c'est romantique de

me téléphoner à cette heure de la matinée ! Tu avais envie d'entendre ma voix ?

– En fait, je t'appelle seulement pour le travail… Nous voudrions PUBLIER ton livre et…

Elle comprit aussitôt la situation et m'interrompit :

– Oh, pas un mot de plus… Comme c'est romantique ! Invite-moi au restaurant *Aux chandelles* pour en parler, chouchou !

Puis elle raccrocha et je pensai : « Bonjour les ENNUIS, bonjour les gros ENNUIS ! »

Mais ça, c'est une autre histoire, et je vous la raconterai une autre fois…

TABLE DES MATIÈRES

Geronimo Stilton

DANS LA MÊME COLLECTION

1. Le Sourire de Mona Sourisa
2. Le Galion des chats pirates
3. Un sorbet aux mouches pour monsieur le Comte
4. Le Mystérieux Manuscrit de Nostraratus
5. Un grand cappuccino pour Geronimo
6. Le Fantôme du métro
7. Mon nom est Stilton, Geronimo Stilton
8. Le Mystère de l'œil d'émeraude
9. Quatre Souris dans la Jungle-Noire
10. Bienvenue à Castel Radin
11. Bas les pattes, tête de reblochon !
12. L'amour, c'est comme le fromage...
13. Gare au yeti !
14. Le Mystère de la pyramide de fromage
15. Par mille mimolettes, j'ai gagné au Ratoloto !
16. Joyeux Noël, Stilton !
17. Le Secret de la famille Ténébrax
18. Un week-end d'enfer pour Geronimo
19. Le Mystère du trésor disparu
20. Drôles de vacances pour Geronimo !
21. Un camping-car jaune fromage
22. Le Château de Moustimiaou
23. Le Bal des Ténébrax
24. Le Marathon du siècle
25. Le Temple du Rubis de feu
26. Le Championnat du monde de blagues
27. Des vacances de rêve à la pension Bellerate
28. Champion de foot !
29. Le Mystérieux Voleur de fromage

30. Comment devenir une super souris en quatre jours et demi
31. Un vrai gentilrat ne pue pas !
32. Quatre Souris au Far West
33. Ouille, ouille, ouille... quelle trouille !
34. Le karaté, c'est pas pour les ratés !
35. L'Île au trésor fantôme
36. Attention les moustaches... Sourigon arrive !
37. Au secours, Patty Spring débarque !
38. La Vallée des squelettes géants
39. Opération sauvetage
40. Retour à Castel Radin
41. Enquête dans les égouts puants
42. Mot de passe : Tiramisu
43. Dur dur d'être une super souris !
44. Le Secret de la momie
45. Qui a volé le diamant géant ?
46. À l'école du fromage
47. Un Noël assourissant !
48. Le Kilimandjaro, c'est pas pour les zéros !
49. Panique au Grand Hôtel
50. Bizarres, bizarres, ces fromages !
51. Neige en juillet, moustaches gelées !
52. Camping aux chutes du Niagara
53. Agent secret Zéro Zéro K
54. Le Secret du lac disparu

- Hors-série

Le Voyage dans le temps (tome I)
Le Voyage dans le temps (tome II)
Le Royaume de la Fantaisie
Le Royaume du Bonheur
Le Royaume de la Magie
Le Royaume des Dragons
Le Secret du courage
Énigme aux jeux Olympiques

- **Téa Sisters**
  Le Code du dragon
  Le Mystère de la montagne rouge
  La Cité secrète
  Mystère à Paris
  Le Vaisseau fantôme
  New York New York !
  Le Trésor sous la glace
  Destination étoiles
  La Disparue du clan MacMouse
  Le Secret des marionnettes japonaises

- **Le Collège de Raxford**
  Téa Sisters contre Vanilla Girls
  Le Journal intime de Colette
  Vent de panique à Raxford

1. Entrée
2. Imprimerie (où l'on imprime les livres et le journal)
3. Administration
4. Rédaction (où travaillent les rédacteurs, les maquettistes et les illustrateurs)
5. Bureau de Geronimo Stilton
6. Piste d'atterrissage pour hélicoptère

1
2
3
4
5
6
7
8
9
10
11
12
13
14
15
16
17
18
19
20
21
22
23
24
25
26
27
28
29
30
31
32
33
34
35
37
38
39
40
41
42
43
44
45
46
Fleuve Souris
Plage

Sourisia, la ville des Souris

1. Zone industrielle de Sourisia
2. Usine de fromages
3. Aéroport
4. Télévision et radio
5. Marché aux fromages
6. Marché aux poissons
7. Hôtel de ville
8. Château de Snobinailles
9. Sept collines de Sourisia
10. Gare
11. Centre commercial
12. Cinéma
13. Gymnase
14. Salle de concerts
15. Place de la Pierre-qui-Chante
16. Théâtre Tortillon
17. Grand Hôtel
18. Hôpital
19. Jardin botanique
20. Bazar des Puces-qui-boitent
21. Maison de tante Toupie et de Benjamin
22. Musée d'Art moderne
23. Université et bibliothèque
24. La Gazette du rat
25. L'Écho du rongeur
26. Maison de Traquenard
27. Quartier de la mode
28. Restaurant du Fromage d'or
29. Centre pour la Protection de la mer et de l'environnement
30. Capitainerie du port
31. Stade
32. Terrain de golf
33. Piscine
34. Tennis
35. Parc d'attractions
36. Maison de Geronimo Stilton
37. Quartier des antiquaires
38. Librairie
39. Chantiers navals
40. Maison de Téa
41. Port
42. Phare
43. Statue de la Liberté
44. Bureau de Farfouin Scouit
45. Maison de Patty Spring
46. Maison de grand-père Honoré

Vers le détroit du Rapt-à-Rat
Île Corsaire
Île Tortue
Galion des chats pirates
Ici passent les baleines
Atoll des îles Bienheureuses
Baie des Dauphins
Barrière de corail
Golfe de la Dent cariée
Archipel d'Égout putride
Port-Relent
Vers l'océan Ratonique méridional
Rade du Chat errant
Port-Beurk
Roquefort
Port-Souris
Ici, requins !
Vers la mer des Vibrisses vibrants
SOURISIA
Port-Croûton
Phare Pelliculeux
Île Épilée
Épave affleurant
Vers la mer des Sourgasses
ÎLE DES SOURIS
1
2
3
4
6
7
8
9
10
11
12
13
14
15
16
17
18
19
20
21
22
23
24
25
26
27
28
29
30
31
32
33
34
35
36
37

Île des Souris

1. Grand Lac de glace
2. Pic de la Fourrure gelée
3. Pic du Tienvoiladéglaçons
4. Pic du Chteracontpacequilfaifroid
5. Sourikistan
6. Transourisie
7. Pic du Vampire
8. Volcan Souricifer
9. Lac de Soufre
10. Col du Chat Las
11. Pic du Putois
12. Forêt-Obscure
13. Vallée des Vampires vaniteux
14. Pic du Frisson
15. Col de la Ligne d'Ombre
16. Castel Radin
17. Parc national pour la défense de la nature
18. Las Ratayas Marinas
19. Forêt des Fossiles
20. Lac Lac
21. Lac Lac Lac
22. Lac Laclaclac
23. Roc Beaufort
24. Château de Moustimiaou
25. Vallée des Séquoias géants
26. Fontaine de Fondue
27. Marais sulfureux
28. Geyser
29. Vallée des Rats
30. Vallée Radégoûtante
31. Marais des Moustiques
32. Castel Comté
33. Désert du Souhara
34. Oasis du Chameau crachoteur
35. Pointe Cabochon
36. Jungle-Noire
37. Rio Mosquito

Au revoir, chers amis rongeurs, et à bientôt
pour de nouvelles aventures.
Des aventures au poil, parole de Stilton, de…

Geronimo Stilton